Tekening: Wilfried Roels

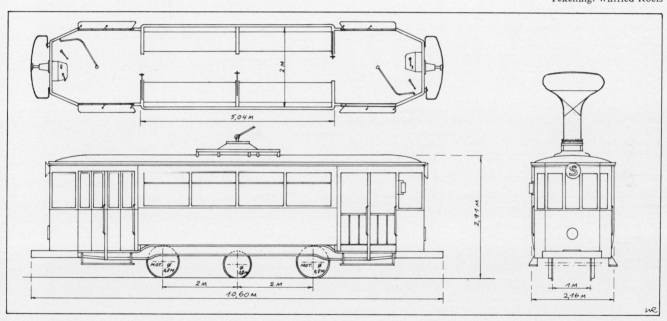

Tekening: Wilfried Roels

JULIAAN DE RUDDER: VRIEND EN TRAMMAN

Ge stondt in uw keurig, blauw uniform,
Glimlachend, uitnodigend op 't platform
Van tram tien, in de schaduw van 't station
Toen wij vrienden werden, ik van op 't perron.

Juliaan, ge hieldt gevoelig van de tram van Gent,
U waren elke lijn en railkronkel bekend,
Voor ied're reiziger hadt ge 'n hart'lijk woord,
Op alle vragen 'n oprechtelijk antwoord!

Uw rusttijd kwam, daar rinkelde de bel!
Ge zegde de tram mismoedig vaarwel;
Ruilde hoorn en tas, om van achter 't gordijn,

Bij 'n werkeloos glas, met blijvend chagrijn,
Uw laatste, stoere tram te zien wegrijden,
In 't stadsgedruis der herinnering t'horen wegglijden.

André ver Elst
Afife, 23 juli 1980

DE GENTSE STADSTRAM

IN BEELD

door
André ver Elst

Europese Bibliotheek - Zaltbommel/Nederland MCMLXXXI

B   ISBN 90 288 1497 3

Bij de Europese Bibliotheek in Zaltbommel/Nederland verschijnen onder andere de volgende series:

IN OUDE PRENTKAARTEN, *een serie boekjes waarin wordt vastgelegd hoe een bepaalde plaats er uitzag in ,,grootvaders tijd'', dat wil zeggen in de periode die ligt tussen ongeveer 1880 en 1930. In deze reeks zal aan bijna elke plaats in België een deeltje worden gewijd. Er zijn reeds zo'n 400 boekjes verschenen. Naast de deeltjes over steden en dorpen verschenen in deze serie vele boekjes over algemene onderwerpen, zoals bijvoorbeeld de buurttram, treinen, de luchtmacht, molens, het vorstenhuis en Belgisch Congo. Bovendien zijn onder de serienaam* **In oude ansichten** *reeds zo'n 1250 delen over steden en dorpen in Nederland verschenen; in Frankrijk kwamen onder de serienaam* **En cartes postales anciennes** *circa 150 boekjes uit; in Duitsland, Oostenrijk en Zwitserland verschenen onder de titel* **In alten Ansichten** *respectievelijk 400, 40 en 15 delen.*

KENT U ZE NOG... *is een reeks die de mensen-van-toen in een bepaald dorp of een bepaalde stad centraal stelt, in de periode die wij eveneens aanduiden als ,,grootvaders tijd'' (circa 1880-1940). Ook in deze reeks zal aan bijna elke plaats in België een deeltje gewijd worden. Er zijn reeds zo'n 20 boekjes verschenen.*

Nadere inlichtingen over verschenen of nog te verschijnen deeltjes kunt u verkrijgen via uw boekverkoper of rechtstreeks bij de uitgever.

Deze uitgave van de Europese Bibliotheek te Zaltbommel/Nederland is gedrukt en gebonden bij Grafisch Bedrijf De Steigerpoort te Zaltbommel/Nederland.

Bibliografie:

Maatschappij voor het Intercommunaal Vervoer te Gent (MIVG), Het stedelijk gemeenschappelijk vervoer in Gent, Gent 1979.
MIVG, Jaarrapporten 1976, 1977, 1978, 1979.
Neyens, Jos, De buurtspoorwegen in de provincie Oost-Vlaanderen (1885-1968), eigen beheer (Antwerpsesteenweg 10, 2800 Mechelen), 1978.
Ministerie van Verkeerswegen/Bestuur van het Vervoer, Het openbaar vervoer in de Gentse agglomeratie, Brussel, zonder jaar.
Revue belge des Transports, De elektrische tramwegen van Gent (overdruk), z.p., z.d.
Van der Gragt, Frits, Gent, trams onder beiaardklanken, verschenen in Op de Rails, Den Haag 1964/5.
Z.n., Honderd jaar Gentse tram, Gent, 1976.

Van André ver Elst verschenen of verschijnen de volgende tram- en treinboeken in deze reeks:

* Deze boeken zijn tweetalig (Nederlands-Frans).

Andere titels zijn in voorbereiding of in studie. Vraag alle inlichtingen bij uw boekhandelaar of rechtstreeks aan de Europese Bibliotheek, Postbus 49, NL-5300 AA Zaltbommel, Nederland.

Index van de foto's volgens de plaats van opname:

VOORWOORD

Het was met groot genoegen dat de Maatschappij voor het Intercommunaal Vervoer te Gent (MIVG) het initiatief en de research van de auteur André ver Elst ondersteunde en hem het nodige materiaal ter beschikking stelde opdat dit overzicht van hoofdzakelijk de Gentse stadstram zo boeiend en veelzijdig mogelijk kon gepresenteerd worden.

„De Gentse stadstram in beeld" verschijnt op een moment waarop de meer dan honderd jaar jonge Gentse stadstram compleet is vernieuwd – met PCC-cars van Belgisch fabrikaat – en hij voor een niet onbelangrijke uitbreiding rond de binnenstad staat. Meer dan ooit heeft Gent nood aan een betrouwbaar en comfortabel openbaar vervoer, dat in grote mate onafhankelijk is van het overige verkeer en waarvan de frequentie op elk uur van de dag op een optimale wijze beantwoordt aan de vraag van de reizigers. Hiertoe hoopt de MIVG op de volledige steun van haar verschillende aandeelhouders in de publieke sector. Van hen wordt verwacht dat zij de verkeerscirculatiemaatregelen uitvaardigen en dat de werken worden uitgevoerd die nodig zijn voor de beste aanleg van de tramtracés.

De bedoeling is dat de Gentse stadstram de verkeersdruk in de binnenstad zou verlichten en hierdoor meer diensten zou kunnen bewijzen aan een nog ruimer deel van de Gentse bevolking en de forenzen. Met deze toekomstzorg ijvert de MIVG voor een spoedige realisatie van haar projecten.

In dit werk wordt de Gentse stadstram vanuit een historische, een technische, maar vooral vanuit een iconografische invalshoek belicht. Het maakt duidelijk dat er sedert „de eerste tram in Gent" een gevoelige vooruitgang is geboekt. Zowel voor de reizigers als voor het trampersoneel is de tram (en de bus) heel wat comfortabeler geworden. Dit te realiseren blijft trouwens de voortdurende betrachting van onze maatschappij. Met het oog naar de toekomst kan worden onderstreept dat meer dan ooit het stedelijk openbaar vervoer te Gent ten dienste wil staan van de reizigers.

Om hieraan te beantwoorden wil de MIVG op het geëigende tijdstip onder meer de nodige investeringen kunnen doen. Dat deze zorg ook bestendig aan de basis lag van het beleid van de opeenvolgende concessiehouders, wordt door de inhoud van dit boeiende boek bewezen.

Het is dan ook onze oprechte wens dat dit werk op ruim succes mag onthaald worden. Daarop mag het zeker aanspraak maken, niet in het minst omdat het op een complete en originele wijze hulde brengt aan een instelling die bestendig heeft bijgedragen tot het algemeen nut en tot een eeuw rijk gevarieerde ontwikkeling van onze Arteveldestad.

Pieter M. Roose, ir.
Beheerder-directeur-generaal van de
Maatschappij voor het Intercommunaal
Vervoer te Gent

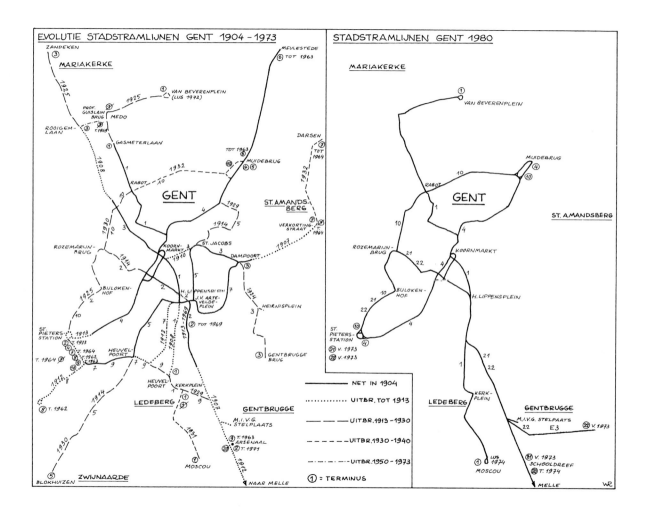

EVOLUTIE STADSTRAMLIJNEN GENT 1904 - 1973

STADSTRAMLIJNEN GENT 1980

De eerste „tram" – een paardeomnibus of stadsdiligence –
reed in Gent in 1873. Het waren gesloten karren met ruiten,
ingericht voor het personenvervoer en getrokken door twee
of meer paarden. Ze reden gewoon door de stad (dat wil
zeggen niet op sporen) en wellicht ook naar buitengemeenten
en verder. In 1875 verscheen de paardetram in Gent; hij reed
op rails (met een spoorbreedte van één meter), die werden
ingewerkt in de straatbekleding. De uitbater – Les Tramways
de ville de Gand – exploiteerde drieënveertig dergelijke rijtuigen – veertien open en negenentwintig gesloten – en
beschikte over een honderdtal paarden. Sommige wagens
werden getrokken door twee paarden, andere door één paard.
Met de paardetram werden vier lijnen vanop de Graanmarkt
geëxploiteerd, namelijk naar de Antwerpsepoort, naar de
Brugsepoort, naar de Kortrijksepoort en naar het Zuidstation.
De maatschappij Les Tramways de ville de Gand staakte haar
bedrijvigheid in 1897. Op 13 augustus van hetzelfde jaar
besliste de gemeenteraad van Gent dat de Société Anonyme
des Railways Economiques de Liège-Seraing et Extensions

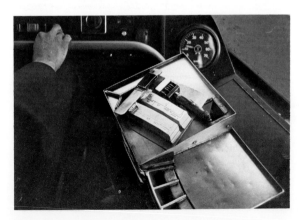

(RELSE) en de Compagnie Générale des Railways à voie
étroite de tramexploitatie in de Arteveldestad mochten in de
handen nemen. Dit betekende dat beide maatschappijen de
concessie ontvingen om een tramnet in de stad aan te leggen,
het te onderhouden en het commercieel uit te baten door
middel van accumulatorentrams (waarvoor uiteraard geen
elektrische bovenleiding nodig was).
Op 4 januari 1898 stichtte de concessiehoudende groep de
SA des Tramways Electriques de Gand (met een maatschap-
pelijk kapitaal van 3.500.000 F, verdeeld in 35.000 aandelen
van 100 F; en met zetel in Brussel), die de verplichting accep-
teerde om tweeënveertig accumulatorentrams te leveren, de
voorziene sporen (voor netuitbreiding) aan te leggen en een
elektrische centrale van 600 kW te bouwen. De accumulatorentrams reden op het paardetramtracé, dat in 1898 werd
uitgebreid naar Muide-Meulestede, St.-Amandsberg, De Smetstraat, Bruggepoort, Kortrijkseweg, Parkplein en Ledeberg.
Het trampark van de maatschappij werd samengesteld uit de
voorziene accumulatorentrams, elk uitgerust met twee
motoren van 25 pk; deze trams bedienen toen zeven lijnen.
Deze tweeassige accumulatorentrams (45 plaatsen) waren
voorzien van twee open platforms; de bestuurder stond dus in
openlucht. Het dak was bolvormig en de reizigerscabine was
uitgerust met zes booglampjes. Deze trams konden het
langste traject tweemaal afleggen (zonder dat de accu's
moesten vervangen worden) en ze mochten niet sneller rijden
dan 12 kilometer per uur (conform de verleende concessie).
De prijzen van de tickets bedroegen 0,15 F voor een stadsrit
in de eerste klasse en 0,10 F in tweede klasse. Voor de nacht-
dienst werden de prijzen van de ritten verhoogd tot respectievelijk 0,25 F en 0,15 F.
De accumulatorentrams schonken geen voldoening: hun exploitatie was te duur en defecten kwamen veelvuldig voor,
zodat de onderhoudsploegen regelmatig moesten uitrukken
en dit tot het grote ongemak van de tramgebruikers. Het
ongenoegen steeg met de dag en in 1903 – zes jaar na de
toekenning van de concessie – stond de Stad Gent eindelijk

toe een elektrische leiding aan te leggen boven het 23 kilometer lange net. De accumulatorentrams werden uitgerust met een trolley (met windschildje, dat de stroomafnamestang strakker tegen de voedingsdraad drukte), terwijl de platforms werden voorzien van een glazen windscherm. De maatschappij kocht bovendien een aantal nieuwe trams aan. De Stad Gent verleende op 1 januari 1904 een aangepaste concessie voor vijftig jaar; deze verstreek op 31 december 1953, datum waarop de Maatschappij voor het Intercommunaal Vervoer te Gent (MIVG) werd opgericht, waarin de Staat, de Stad Gent, de randgemeenten en de vroegere concessiehouder een participatie (voor vijftig jaar) namen. Binnen deze concessie behoorden bovendien twee lijnen die in 1897 afgepacht werden van de Nationale Maatschappij van Buurtspoorwegen (NMVB), namelijk de trajecten Gent-Zomergem-Ursel (21 kilometer) en Gent-Merelbeke (7 kilometer). Zomergem-Ursel werd in 1931 door de NMVB overgenomen. Gent-Merelbeke werd tot in 1901 met accumulatorentrams bediend en toen als eerste tramlijn in het Gentse voorzien van een elektrische bovenleiding voor de exploitatie met trolleytrams. In 1955 werd ze overgedragen aan de NMVB.

In 1912 werden nieuwe tweeassige rijtuigen aangekocht met het oog op de serviceuitbreiding tijdens de Wereldtentoonstelling, die in Gent in 1913 werd gehouden. Het net was toen 36,665 kilometer, waarvan 27,85 kilometer (76%) binnen de stad Gent. Na de Eerste Wereldoorlog (waaronder de koperen draden van de bovenleiding door de bezetter werden opgeëist en tijdelijk werden vervangen door stalen) werd het wagenpark nogmaals uitgebreid, ditmaal met drieassige motorrijtuigen, waarvan de twee uiterste assen wendbaar waren, hetgeen het mogelijk maakte de bochten in een grotere soepelheid te nemen. Ze bezaten krachtigere motoren en waren comfortabeler opgevat (voor het vervoer van 74 reizigers). Deze motorwagens (in 1955 nog 16 tweeassige, 105 drieassige en 18 tweeassige aanhangwagens) bleven in dienst tot in de jaren zeventig, toen ze geleidelijk, en dit vanaf 1971, werden afgevoerd als gevolg van de vernieuwing

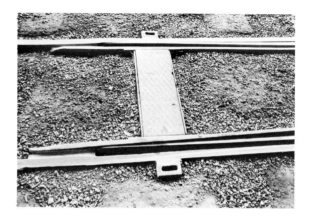

van het materieel door PCC-cars. De motorwagens uit het begin van de eeuw werden meermaals verbouwd: tweeassige werden getransformeerd in drieassige,* de platforms werden verlengd en voorzien van vouwdeuren, de boograampjes werden vervangen door grote ruiten, nieuwe motoren werden aangebracht, de reizigerscabine werd vernieuwd, TL-verlichting werd geplaatst, enzovoort. Uiteindelijk bleef er van de oorspronkelijke motorwagens (waarvan de constructeurs niet met zekerheid bekend zijn) weinig of niets origineels over. In werkelijkheid verdwenen deze trams in de jaren zeventig ook vlug als schroot. Eén, de 328, werd in januari 1973 geschonken aan het Trammuseum in Schepdaal, waar hij thans door de belangstellenden kan bezocht worden. Vierenvijftig PCC-cars hadden de vroegere motorwagens (waarvan de oudste er meer dan zestig dienstjaren hadden opzitten) in 1974 vervangen.

Het tramnet breidde zich uit tot in 1933. In 1904 was het 18 kilometer lang, in 1913 36 kilometer en in 1933 53 kilometer. De uitbouw werd toen opgeschort door het feit dat de

trammaatschappij in 1932 begon met de uitbating van autobussen, en ook, daarbij aansluitende, wegens de Tweede
Wereldoorlog.

In 1946 was het stadstramnet nog 53 kilometer lang, maar
daarop zou het geleidelijk in lengte en belangrijkheid af-
nemen. In 1968 bedroeg het nog 35 kilometer, sinds 1977
nog slechts 25 kilometer (47% van het topjaar 1933). Daar-
voor waren verschillende redenen. In de eerste plaats breidde
de MIVG haar busnet (143 kilometer in 1980 ten opzichte
van 27 kilometer in 1933) bewust uit, omdat dit kosten-
besparend was en meer flexibiliteit bood ten opzichte van de
reisroutes. Daarnaast verminderde de belangstelling voor de
tram als vervoermiddel binnen de stad omdat deze, in de
drukke en smalle Gentse straten, vaak grote vertragingen
opliep. De vervanging van de tram op „trage" lijnen door
autobussen remde de achteruitgang en overtuigde cliënteel
door het openbaar vervoer ten volle te benutten. De MIVG
hoopt dat het gemeenschappelijk transport in de toekomst
nog aan belangstelling zal winnen, ten voordele van de tram
en van de autobus. Hiertoe wordt gewacht op de geplande
aanwending van de bedding van de Leie (omgeleid door een
aangepast ringkanaal), waarin onder meer een tramverkeers-
koker zou worden aangelegd. Op dat moment zou de Gentse
stadstram – die hoofdzakelijk het centraal deel van de Arteveldestad bedient – over korte afstanden aan snelheid en
bezetting winnen. Op deze wijze zou de tram ongetwijfeld
nog beter de taak kunnen vervullen die binnen een grote
agglomeratie van hem wordt verwacht.

Bij de omschrijving van de tramlijnen – die sinds de indienst-
stelling van de elektrische tram meermaals werden verlegd,
verlengd of ingekort – werd er naar gestreefd de twee ter-
minussen te bepalen die golden op het moment dat de be-
trokken foto werd genomen. Voor de wijzigingen van de
lijnen wordt verwezen naar de desbetreffende groeperende
kaartjes elders in dit boek.

Voor de geïllustreerde personeelsleden behorende tot de

Maatschappij voor het Intercommunaal Vervoer te Gent
(MIVG), werden de functies aangeduid die dezen bekleedden
op het moment van de opname.

Tot besluit gaat mijn dank naar de heren Pieter M. Roose,
beheerder-directeur-generaal van de MIVG, Willy Hubo van
de MIVG (Public Relations Dienst) en Walter Gogaert, die mij
bijstonden op het historisch en iconografische vlak, alsmede
voor het ter beschikking stellen van fotografisch materiaal
naar de heren Jacques Bazin, Eduard Bouwman en prof. ir.
M. van Witsen.
Het is dank zij allen dat dit boek op een verscheiden en
boeiende wijze kon worden samengesteld.

André ver Elst

* De 301 was een drieassig prototype met zes kleine raampjes. De motorwagens 302-315 waren voorzien van lage zijramen, terwijl de motorrijtuigen 316-361 hogere zijramen
bezaten. De trams 316-330 waren bovendien uitgerust voor
het trekken van bijwagens. De motorwagens 362-387 waren
eveneens drieassers, uiterlijk conform aan de rijtuigen van de
reeks 316-361, maar met minder krachtige motoren. De
motorwagens 388-405 beschikten over hoge zijramen en een
lichtkap.

**Maatschappij voor het
Intercommunaal Vervoer te Gent**
Brusselse Steenweg 323
9219 GENT - GENTBRUGGE
Tel. (091) 30 41 95

KAART VOOR BEGELEIDER

SPECIMEN

geldig
voor :
1980
1981
1982

handtekening   nr   **063**

Geldig op :
— het stedelijk net
— de lijn 17 tot Rijkswacht Drongen
— de lijn 20 tot Melle, Wautersdreef
— de lijn 81/84 (van Sint-Pietersstation tot
  Drie Sleutels of Paardekop).

**Maatschappij voor het
Intercommunaal Vervoer te Gent**
Brusselse Steenweg 323
9219 GENT - GENTBRUGGE
Tel. (091) 30 41 95

SCHOOLABONNEMENT

M.I.V.G.

SPECIMEN

geldig
van
1-9-1979
tot
30-6-1980

Handtekening   Nummer
6048

Geldig op :
— het stedelijk net
— de lijn 20
— de lijn 81/84 (van Sint-Pietersstation tot
  Latem-Dorp)

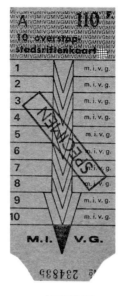

110 F.
**10 overstap
stadsrittenkaart**

1	m. i. v. g.
2	m. i. v. g.
3	m. i. v. g.
4	m. i. v. g.
5	m. i. v. g.
6	m. i. v. g.
7	m. i. v. g.
8	m. i. v. g.
9	m. i. v. g.
10	m. i. v. g.

M.I. V.G.

N° 234835

C   51 F.
**10 rechtstreekse
stadsrittenkaart**

1	196	04	24	10 4 . 2	v. g.
2	207	04	21	09 4 . 2	v. g.
	212	04	20	16 0 . m 2	v. g.
	186	04	20	13 4 . 2	v. g.
	108	04	19	11 1 . 1	v. g.
	191	04	19	08 4 . 2	v. g.
	191	04	19	08 4 . 2	v. g.
	210	04		3 m	j. v.
	185	04	18	07 4 . m 2	j. v.
	108	04	17	10 4 . m 2	j. v.

M.I. V.G.

N° 134700

A   45 F.
**7 rechtstreekse
stadsrittenkaart**

1	105	04	24	10 1 . 1	v. g.
2		04		2 m	j. v. g.
	92	05	15	12 3 . 2	j. v. g.
	92	05	15	10 2 . m	j. v. g.
	132	04	14	09 0 . 4	
	170	04	11	18 1 . m	j. v.
	92	04	07	11 3 . m 2	j. v.

M.I. V.G.

N° 805534

B   57 F.
**rechtstreekse
stadsrittenkaart**

1	225	05	15	m. i. v. g.
2	208	21	05	08 i. 2 v. g.
	225	21		m. i. v. g.
	210	21	26	08 2 v. g.
	202	22	26	18 3 v. g.
	122	22		m. 3 v. g.

M.I. V.G.

N° 812015

DE VREEZE

2
2

44 00 2
0743
B-T 400 066 602

N°

BIJ uitnodiging
vertonen

16 RECHTSTREEKS 3K

1
0

BILJET

DEC. 1980

Nummer

SPECIMEN

MAANDABONNEMENT

Handtekening :

Geldig
indien.
Prijs : 475

N° 3269

1. Een deelopname uit een kalender van 1875, uitgegeven door de Stad Gent. Vanaf 1873 reed er in Gent een stadsdiligence of paardeomnibus, die twee jaar later werd vervangen door een paardetram. De meeste wagens werden getrokken door één paard, enkele door twee paarden. De tekening toont de trams op de Koornmarkt. De exploitatie ervan werd verzekerd door de Compagnie Gantoise de Transports. Deze bezat negenentwintig gesloten en veertien open rijtuigen en meer dan honderd paarden.

2. Nogmaals paardetrams op de Koornmarkt, wellicht gekiekt omstreeks 1890. Van hier- uit reden paardetrams langs de Kouter en het Jacob Van Arteveldeplein (via Gent-Zuid) naar Ledeberg, naar de Brugsepoort en naar de Sassepoort (Muide). Een andere lijn liep van de St.-Jacobskerk langs de Koornmarkt en het Justitiepaleis naar de Kortrijksepoort en een vijfde verbond de Dampoort via het Jacob Van Arteveldeplein met Gent-Zuid. De paardetram werd afgeschaft in 1898 om plaats te maken voor de accumulatorentrams. In 1897 was de exploitatie overgenomen door de SA des Railways Economiques de Liège, Seraing et Extensions (RELSE) en de Compagnie Générale des Railways à Voie étroite.

3. Accumulatorentrams, gekiekt omstreeks de eeuwwisseling op de Gentse Koornmarkt. De SA des Tramways électriques de Gand (1898), die de tramuitbating overnam, werd gecreëerd uit de twee voornoemde maatschappijen. Ze bouwde het administratief centrum en het depot langs de Brusselsesteenweg in Gentbrugge. Hier werd ook een elektrische centrale van 450 kW geïnstalleerd, waarvan, nog in 1898, de capaciteit werd opgedreven tot 600 kW. Er kwamen 42 accumulatorentrams in dienst; ze mochten bij stadsordonnatie niet sneller rijden dan 12 kilometer per uur. Ze reden naar de Brugge-poort, de De Smetstraat, de Kortrijksesteenweg, het Parkplein, Ledeberg en Muide-Meulestede. In normale omstandigheden konden ze hun traject tweemaal afleggen zonder van andere, geladen accumulatoren te worden voorzien. De accumulatorentram bood plaats aan vijfenveertig reizigers.

4. Een klassieke familiefoto uit de pioniersjaren van de Gentse stadstram, daterend van het laatste decennium van de negentiende eeuw. Vooraan een accumulatorenmotorrijtuig, dan een stoomlocomotief en achteraan een paardetram. De stoomlocomotief deed dienst op de lijnen waarvan de exploitatie gepacht werd van de NMVB. Hiertoe behoorden de verbindingen Gent (Begijnhofbrug)-Zomergem-Ursel (21 kilometer) en Gent (Zuid)-Merelbeke (7 kilometer). De eerste lijn werd geopend in 1886 (Gent-Kanaal/Zomergem), 1887 (Kanaal/Zomergem-Dorp/Zomergem) en 1898 (Dorp/Zomergem-Ursel); de andere in 1898 (St.-Lievensbruggen/Ledeberg-Merelbeke) en 1899 (St.-Lievensbruggen/Ledeberg-Zuid/Gent).

5. Nog een accumulatorenmotorrijtuig in de Limburgstraat, omstreeks 1900. Een trambestuurder en een ontvanger verdienden toen 4 F per dag voor een zomerse werkduur van 14 1/2 uur en een winterse van 13 1/2 uur (arbeidsonderbreking van 90 minuten inbegrepen). De accumulatorentrams (gebouwd door de Ateliers Métallurgiques de Nivelles in Nijvel) stonden vaak in panne; dit misnoegde de reizigers en kostte de maatschappij veel geld. In 1903 werden ze (na een lange discussie met het stadsbestuur omtrent het aanbrengen van een 23 kilometer lange elektrische bovenleiding) vervangen door elektrische trams.

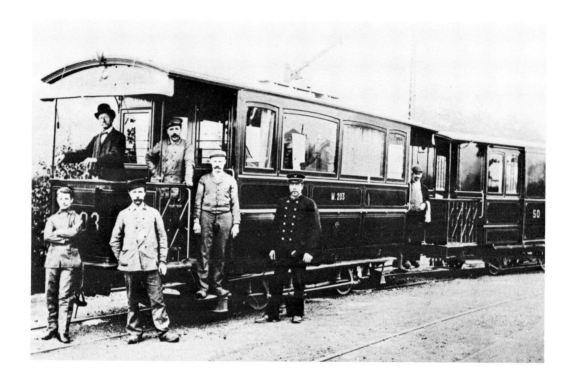

6. Een elektrische motorwagen met bestuurder, ontvanger en onderhoudspersoneel op de lijn Gent-Merelbeke (7 kilometer). Deze lijn werd geopend in 1898-1899 en aanvankelijk bediend met accumulatorenmotorrijtuigen. De eerste elektrische trams reden tussen Gent en Merelbeke vanaf 1 december 1901. De NMVB verpachtte de exploitatie en het onderhoud van deze verbinding in 1899 (tot in 1953) aan de SA des Tramways électriques de Gand. De geïllustreerde motorwagen trekt een pakwagen, waarmee onder meer poststukken werden vervoerd.

7. Een elektrische motorwagen op de lijn 2 (Muide-Zuidstation-Ledeberg) met bestuurder en ontvanger, gekiekt omstreeks 1910. Het rijtuig is een omgebouwde accumulatoren-tram, waarop onder meer een windscherm werd aangebracht. Het platform vooraan en achteraan bleef opzij open. Een gietijzeren poortje beveiligde de reizigers tijdens de rit. Deze kostte toen 15 centiem in eerste klasse en 10 centiem in tweede klasse. ('s Nachts bedroegen deze tarieven respectievelijk 40 centiem en 25 centiem.)

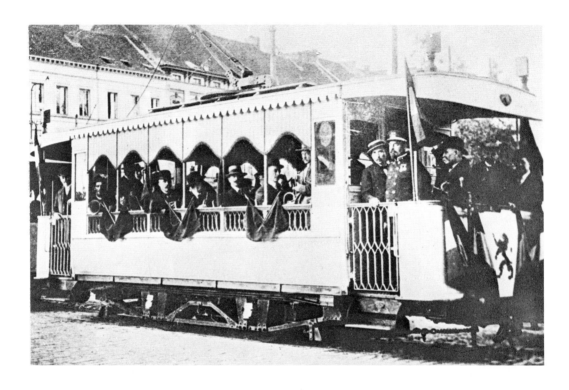

8. Een gemotoriseerd, tweeassig zomerrijtuig uit 1912 bij de opening van de lijn 7 (St.-Pietersstation-Zuidstation-Entrepot), die ter gelegenheid van de Internationale Tentoonstelling in Gent (1913) in gebruik werd genomen. Het motorrijtuig — geregistreerd als de 203 — bleef bewaard tot in de jaren vijftig, toen het werd gesloopt. Het Gentse stadstramnet was even vóór de Eerste Wereldoorlog 36,665 kilometer lang, waarvan 27,85 kilometer (76%) op het grondgebied van de stad Gent. De geïllustreerde tweeassige motorwagens deden als zodanig dienst tot in 1924.

9. Een elektrisch motorrijtuig uit 1912 (in dienst tot in 1924) met twee assen, gefotografeerd in 1921 in het depot in Gentbrugge. Het rijtuig is ontdaan van zijn stroomafnamebeugel. Het plaatje dat tegen deze stang is geplaatst is te zien; het diende om de stang bij tegenwind naar boven tegen de stroomdraad te drukken. Het geïllustreerde rijtuig reed op de lijn 3 (Brugsepoort-Dampoort). In 1924 en in 1925 werd deze lijn respectievelijk verlengd tot aan de Gentbruggebrug in Gentbrugge en het Zandeken in Mariakerke.

10. Nogmaals een tweeassig motorrijtuig uit de eerste decennia van de elektrische Gentse stadstram. Dit rijtuig werd gebouwd in 1913 en deed dienst tot omstreeks 1930. Het reed op de lijn 5, die de Muidebrug via het stadscentrum (J. Van Arteveldeplein) met Blok-huizen/Zwijnaarde (1930) verbond.

11. Links: tramman Victor Bauwens (1899-1977) in typisch uniform uit de jaren dertig, onder meer met zakhorloge.
Rechts: bestuurder-ontvanger Juliaan De Rudder, dienstnummer 6, levensecht gekiekt op een kille, winterse morgen op het Koningin Maria Hendrikaplein voor het St.-Pieters-station in Gent, op het platform van het motorrijtuig 933 van de lijn 10 (Muidebrug-St.-Pietersstation). Juliaan De Rudder (1919-1978) was een „fanatiek" tramman, die over zijn welgevulde loopbaan met veel enthousiasme kon vertellen. Let op zijn typische kledij, zijn lederen tas, aluminium geldpatronen enzovoort. Deze foto dateert van 10 februari 1974.

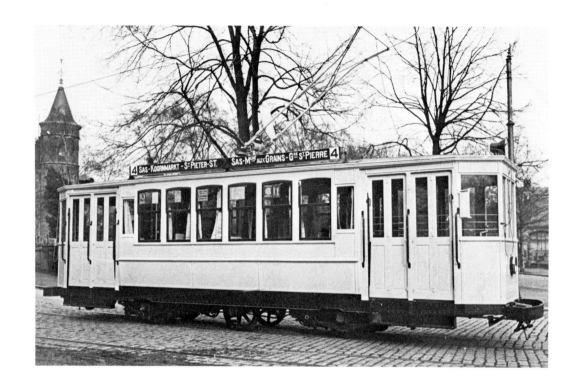

12. Een motorrijtuig op drie assen uit de jaren 1924-1927. Deze tram is een omgebouwd zomerrijtuig, zoals afgebeeld op foto 8. Het is voorzien van vouwdeuren. Deze motorwagen reed op de lijn 4 (Muidebrug-St.-Pietersstation).

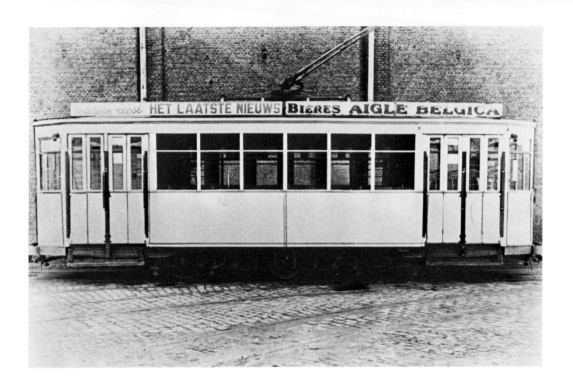

13. Een drieassige motorwagen (met langs beide zijden dubbele (!) reclameborden) van het type „Charleroi" — versie „Expo". Deze trams werden gebouwd in 1926-1929. Ze waren uitgerust met gesloten platforms en langs de op- en afstapzijden afgesloten met vouwdeuren. Dit smal rijtuig — ook „tonne" genoemd — deed dienst op de lijn 8 (St.-Pietersstation-Sterre). Dit was de kortste stadstramverbinding (circa 2 kilometer); ze werd aangezien als een straflijn, omdat het personeel er weinig rust op genoot. Als tuchtstraf moesten de trammannen destijds ook rails kuisen of werden ze voor een dag geschorst.

14. Boven: een drieassige tram van het type Westinghouse uit de periode 1926-1929. De vouwdeuren zijn geopend langs één zijde en vervangen door een ijzeren poortje. Deze tram reed op de lijn 7 (Verkortingsstraat/St.-Amandsberg-St.-Pietersstation/Gent).
Onder: een zelfde tramtype, ditmaal met gesloten vouwdeuren. Bij beide trams is duidelijk te zien dat ze uitgerust zijn met drie assen.

15. De motorwagen 335 op de lijn 1 (Zandeken/Mariakerke-Gentbruggebrug/Gentbrugge). Hier de tram in de Limburgstraat, rijdend in de richting van de Gentbruggebrug. De foto dateert van de jaren dertig.

16. Tram doorstreepte 1 (Gasmeterlaan/Gent-Ledeberg), gefotografeerd in 1935 in de De Smetstraat in Gent. Het motorrijtuig is de wagen nummer 196.

17. Een zicht op de trambeweging op de Koornmarkt, genomen van op de St.-Michiels-helling in de jaren dertig. Rechts een tram van de lijn 3, die reed van de Gentbrugge-brug/Gentbrugge naar het Zandeken/Mariakerke. Opvallend is alleszins het toentertijd kalme autoverkeer.

18. Het motorrijtuig 304 op de lijn 4 (Muidebrug-St.-Pietersstation) op de Koornmarkt, gefotografeerd in september 1929. Op de achtergrond een tram van de lijn doorstreepte 1 (Ledeberg-Gasmeterlaan/Gent). Deze laatste is een omgebouwde accumulatoren-motorwagen.

19. Een groepfoto van het personeel van de SA des Tramways électriques de Gand, gekiekt in het depot van Gentbrugge. De foto dateert van de jaren twintig; wellicht van 1923, toen de Gentse stadstram zijn vijftigste verjaardag vierde.

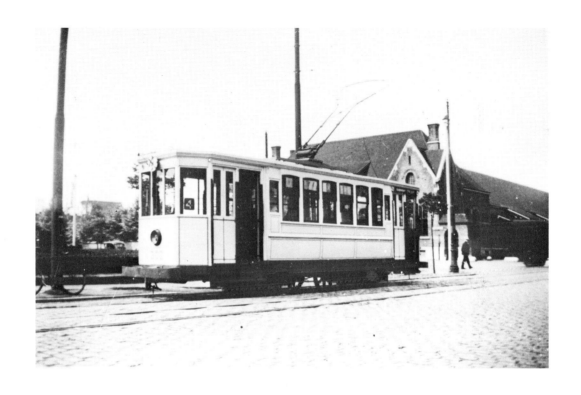

20. Het motorrijtuig 307 op de lijn doorstreepte 4 (ten dele traject Muidebrug-St.-Pieters-station), gefotografeerd in 1935 aan het Zuidstation (President Wilsonplein).

21. Trams, gekiekt op 23 december 1932, aan het eindpunt „Zuid" in Gent (Graaf van Vlaanderenplein). De motorwagen 9202 (een gewezen accumulatorentram) rechts reed op de lijn M (Zuid/Gent-Merelbeke). Let op de typische kledij van de ontvanger; hij droeg onder meer lederen beenbeschermers.

22. Een drieassige motorwagen (met schuifdeuren) met aanhangwagen (afkomstig van het stoomtramarsenaal), zoals er reden op de tramlijn Gent-Zomergem. Deze lijn werd door de SA des Tramways électriques de Gand gepacht van de NMVB en dit vanaf 1898. Ze verbond het Rabot/Gent met het Dorp/Zomergem vanaf 15 juni 1887; ze werd tot 1898 rechtstreeks geëxploiteerd door de NMVB. Op 2 oktober 1898 werd de verbinding uitgebreid tot in Ursel; ze was toen 21 kilometer lang.

23. De tweeassige sneeuwruimer, die jarenlang een vertrouwde verschijning was op het Gentse stadstramnet. Deze motorwagen reed eerder op de lijn Gent-Merelbeke; hij werd omgevormd tot sneeuwruimer in 1947-1948. Dit tweerichtingsrijtuig werd langs beide zijden uitgerust met een sneeuwploeg, zodat hij niet diende te draaien om een tweede sneeuwruimbeurt uit te voeren. Hier de sneeuwruimer op de Brusselsesteenweg in Melle (voor het college van de paters jozefieten) op het ogenblik dat zijn stroomafnamebeugel wordt gekeerd.

24. Een algemeen zicht op het tramdepot in Gentbrugge, langs de Brusselsesteenweg. Dit depot werd gebouwd vanaf 1898 bij de creatie van de SA des Tramways électriques de Gand. De foto dateert van omstreeks 1935. In het midden de tramloodsen, rechts onder het public relations- en personeelsgebouw en links onder, tussen het groen, het „kasteeltje van den tram'', waarin de administratieve diensten werden ondergebracht.

25. Een close-up van het administratief centrum van de Maatschappij voor het Intercommunaal Vervoer (MIVG) langs de Brusselsesteenweg in Gentbrugge. De foto werd genomen in 1980, even vóór dit kasteeltje werd afgebroken. Voor de geschiedenis van de stadstram had dit een legendarische betekenis. Vandaag staat hier een modern gebouw, waarin dezelfde diensten zijn gevestigd.

26. Een zicht op het tramdepot in Gentbrugge met, van links naar rechts, de motorrijtuigen 345, 380, 201, 403 en 402. De aanhangwagens zijn de rijtuigen 59 en 72. De foto dateert van 27 maart 1958.

27. Trams van de lijnen 1 (links) en 4 (rechts), gefotografeerd op de Koornmarkt op 9 september 1963. Lijn 1 verbindt het Van Beverenplein met Moscou/Gentbrugge en lijn 4 de Muidebrug met het St.-Pietersstation. De motorwagens zijn, van links naar rechts: de 344, de 312 en de 333.

28. Links het motorrijtuig 309 op de lijn 1; rechts de tram 382 op de lijn doorstreepte 1 (Medo-Francisco Ferrerlaan-Kerkplein/Ledeberg), gefotografeerd in de Rabotstraat op 9 september 1963.

29. Een stemmig tijdsbeeld van 16 mei 1956, met het motorrijtuig 306, gemaakt op het Van Beverenplein, de terminus van de lijn 1.

30. Hier het motorrijtuig 393 op de lijn 1, gekiekt op 16 mei 1956 aan het eindpunt van de lijn 1, Moscou/Gentbrugge.

31. Een mooi kiekje van de motorwagen 302, genomen op het eindpunt van de lijn doorstreepte 1, Medo (Francisco Ferrerlaan) in Gent. Het plaatje werd geschoten op het ogenblik dat de ontvanger de stroomafnemer draait (16 mei 1952).

32. Hier de motorwagen 358 op de lijn 2 (St.-Pietersstation/Gent-Arsenaal/Gentbrugge), gefotografeerd in de Koning Albertlaan op 8 mei 1965. De bus achter de tram is de 1772, rijdend op de verbinding N, Gent-Ruiselede.

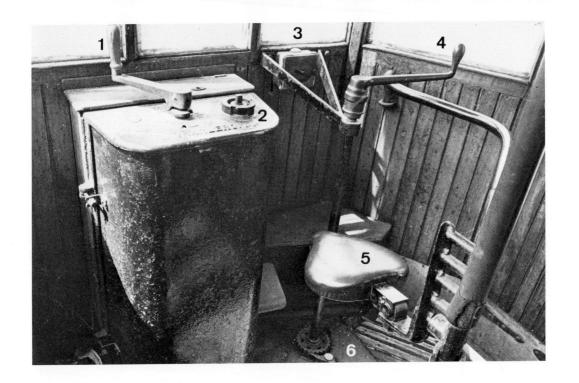

33. Een zicht op de stuurpost van een motorwagen, zoals hiervoor geïllustreerd. De verschillende besturingselementen zijn: 1. handel om het rijtuig in beweging te brengen en om de versnelling af te remmen; 2. bevestigingsbout voor handel (die door de bestuurder bij afwezigheid in de zak wordt gestoken), waarmee het rijtuig in vooruit- of achteruitrit wordt geschakeld; 3. schakelaar voor richtingaanwijzer (links of rechts); 4. handrem; 5. verstelbare bestuurderzitting, bevestigd aan steunstang en 6. (met voet bediende) handremsluiting.

34. Nogmaals een motorwagen op de lijn 2, ditmaal gefotografeerd op de Brusselsesteen-weg in Gentbrugge. Het plaatje werd gerealiseerd op 16 mei 1956. De geïllustreerde motorwagen is de 327.

35. Een zicht op een motorwagen (de 318) met aanhangwagen (de 57), gemaakt op het Koophandelplein in Gent. De tram rijdt op de lijn 2. De foto dateert van 10 mei 1955.

36. Twee trams kruisen elkaar in de Recolettenbrug in Gent. Links het rijtuig 363, rechts de motorwagen 336; beide verzekeren de dienst op de lijn 2. De tram op het voorplan rijdt naar het St.-Pietersstation, de andere naar het Arsenaal/Gentbrugge.

37. Het motorrijtuig 379 op de lijn 3 (Zandeken/Mariakerke-Arsenaal/Gentbrugge), gefotografeerd op de Dampoort in Gent op 8 mei 1964.

38. Vooraan het motorrijtuig 316 op de lijn 3, gevolgd door de motorwagen 339, rijdend op de lijn 4. De foto werd gemaakt op 22 september 1966 ter hoogte van de Koornmarkt in het centrum van Gent.

39. De motorwagen 364, gekiekt op de lijn 3, eveneens op de Koornmarkt. Het plaatje dateert van 9 september 1963. Let andermaal op de ,,dubbele" reclame.

40. De open depannagetram met twee leden van de onderhoudsploeg, gefotografeerd in het depot van Gentbrugge, wellicht in de jaren zestig.

41. Dit is een plaatje van de motorwagen 378, gemaakt op de lijn doorstreepte 3, ter hoogte van de terminus op het Heirnisplein in St.-Amandsberg. De lijnen 3 en doorstreepte 3 werden afgeschaft in 1969. Ze verbonden respectievelijk het Zandeken (Maurits Claeysplein)/Mariakerke met de Gentbruggebrug in Gentbrugge en de Prof. Guislainbrug in Gent met het Heirnisplein in St.-Amandsberg.

42. Een laatste foto van een tram, de motorwagen 395, op de lijn doorstreepte 3. Ditmaal genomen op 16 mei 1956 bij het eindpunt van de lijn, in de Rooigemlaan in Gent.

43. Boven: een bestuurder aan de commando-
post van een motorwagen. De foto werd genomen op een donkere herfstmorgen in 1968.
Onder: een zicht op de versnellingshandel van
een motorrijtuig. Deze versnellingsbakken
werden vervaardigd door ACEC in Charleroi.

44. De motorwagen 357 op de lijn 4 (Muidebrug-St.-Pietersstation), gekiekt ter hoogte van de Groentenmarkt in het centrum van Gent, dit op 9 september 1963. De tram rijdt in de richting van de Muidebrug.

45. De motorwagen 346, gefotografeerd aan het eindpunt van de lijn 4, voor de Muide-brug, op 26 augustus 1964. Links bestuurder Maurits Schepens (dienstnummer 140) en rechts ontvanger Ivo Van Zande (162). Het rijtuig staat klaar om te vertrekken in de richting van het St.-Pietersstation.

46. Het motorrijtuig 335, gekiekt ter hoogte van het Sluizeken in Gent op 24 mei 1956. De tram zet koers naar het St.-Pietersstation.

47. De motorwagen 347, op de korrel genomen op 24 mei 1956, op de Kouter te Gent. Het rijtuig doet dienst op de lijn doorstreepte 4 (St.-Pietersstation-Koornmarkt) en rijdt in de richting van de Koornmarkt.

48. Ontvanger Marcel Van Kemzeke (dienstnummer 526) keert hier de stroomafnemer van de motorwagen 312, eens het langste rijtuig in dienst bij de MIVG. De foto werd genomen op het moment dat de tram dienst deed op de lijn 5 (Muidebrug/Gent-Zwijnaarde) en wel op de Zwijnaardsesteenweg aan de terminus. Aan de beugel bemerkt men een Belgische driekleur, ter gelegenheid van de nationale feestdag (21 juli 1964).

49. Postoverste Basiel Allegaert, gekiekt voor zijn (thans vernieuwde) controlepost op het Koningin Maria Hendrikaplein voor het St.-Pietersstation in Gent op 25 april 1969.

50. Twee trams, dienstdoend op de lijnen 4 en 5, kruisen elkaar in de Voormuidestraat. De foto werd genomen op 8 mei 1964. Links het motorrijtuig 342, rechts de motor- wagen 384. Ze rijden respectievelijk naar de Muidebrug en naar Zwijnaarde.

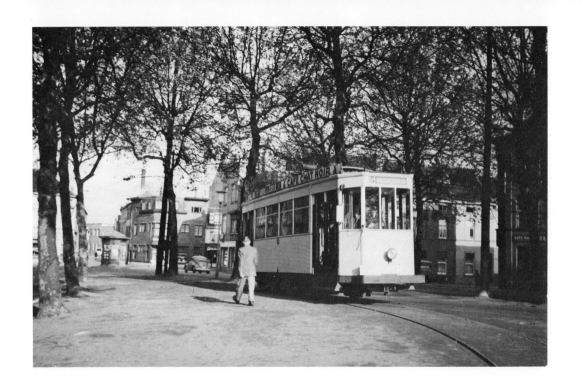

51. Het motorrijtuig 396, dienstdoend op de lijn 5, gekiekt op 10 mei 1955 op de lus nabij de Muidebrug, op het Neuseplein.

52. Een binnenzicht in een motorwagen, zoals hierna afgebeeld. De zitbanken (21 plaatsen) waren bekleed met kunstleder.

53. Het rijtuig 383 op de lijn 5, gefotografeerd op 4 juli 1955 op het President Wilson-plein. De tram zet koers naar de Muidebrug.

54. De motorwagen 391, rijdend op de lijn 5, gefotografeerd op het St.-Pietersplein in Gent. Deze tram rijdt in de richting van de Muidebrug.

55. Het motorrijtuig 313, op de korrel genomen op 24 mei 1956, in de Kongostraat (havengebied), rijdend naar de Muidebrug. De tram doet dienst op de lijn 5 en rijdt in de richting van Zwijnaarde, de terminus van de genoemde verbinding. De lijn 5 werd afgeschaft in 1965.

56. Het motorrijtuig 385 op de lijn 6 (Meulestede-Muidebrug/Gent), gefotografeerd op 10 mei 1955 vóór de Muidebrug, de terminus van de lijn in Gent. Op de Muidebrug zelf was geen elektrische bovenleiding aangebracht en de tram diende 's morgens en 's avonds een krachtige „aanloop" te nemen om erover te geraken. Zo niet, moest de bezetting hem erover duwen!

57. De motorwagen 386, gekiekt op 24 mei 1956, op de terminus van de lijn 6, Reders-plein in Meulestede. De lijn werd afgeschaft in 1963.

58. Het motorrijtuig 326 op de lijn 7 (Darsen (Motorstraat)-St.-Pietersstation), gekiekt op 8 mei 1964 in de Gentstraat nabij het gemeentehuis in St.-Amandsberg. De tram rijdt in de richting van het St.-Pietersstation. De trammannen noemden dit „de lijn der luiaards", omdat daarop lange pauzes bestonden. (Misschien ook omdat men er door snel te rijden veel tijd kon winnen.)

59. Het motorrijtuig 349 op de lijn 7, gekiekt op 16 mei 1956 op de Grondwetlaan in St.-Amandsberg. De tram rijdt in de richting van het St.-Pietersstation.

60. De tram 352, gefotografeerd aan de Darsen (Motorstraat) in Gent, eindpunt van de lijn 7. Het plaatje dateert van 10 mei 1955. De tram staat klaar om te vertrekken naar het St.-Pietersstation.

61. Twee trams kruisen elkaar: links het rijtuig 400 op de lijn 8 (St.-Pietersstation-Sterre) en rechts de motorwagen 324 op de lijn 7. De foto werd genomen aan de halte Prinses Clementinalaan/Parkplein.

62. Een laatste foto van tram 7 (motorwagen 347), daterend van 16 mei 1956 en
gemaakt terwijl deze over de noodbrug in de
Kasteellaan reed. De lijn 7 werd afgeschaft in
1964.

63. Het motorrijtuig 301 op de lijn 8 (St.-Pietersstation-Sterre), op de korrel genomen op 10 mei 1955 aan zijn terminus, Sterre.

64. Tram 8 (motorwagen 301), gekiekt op 27 maart 1958 op de Kortrijksesteenweg. De lijn 8 werd afgeschaft in 1962.

65. Hier het motorrijtuig 339, zwaar beschadigd na een aanrijding met een vrachtwagen (rechts) in de Limburgstraat/Lieven Bauwensplein, wellicht in 1967.

66. De motorwagen 313, gefotografeerd op de lijn 9 (St.-Pietersstation/Gent-Arsenaal/
Gentbrugge), ter hoogte van zijn eindpunt nabij het Arsenaal, op 12 september 1953.
Deze verbinding werd afgeschaft in 1963.

67. De motorwagen 333, gekiekt op 10 februari 1974 op de lijn 10 (Muidebrug-St.-Pietersstation) op de lus op het Koningin Maria Hendrikaplein, vóór het St.-Pietersstation (terminus) in Gent.

68. Een ander kiekje van de tram 10, ditmaal de motorwagen 323 in de Begijnhoflaan. De foto dateert van 26 maart 1967.

69. Nogmaals tram 10, hier de motorwagen 305, op de korrel genomen ter hoogte van het Rabot (Opgeëistenlaan). Het rijtuig zet koers naar het St.-Pietersstation.

70. Vooraan een tram van de lijn 10 (motorwagen 335) met daarachter een op de lijn 4 (333) en een op de lijn 5 (329). Het plaatje werd gemaakt nabij het eindpunt van de lijn 10, Voormuide, op 27 mei 1965.

71. Het motorrijtuig 357 op de lijn 10, gekiekt op 8 mei 1964 in de Contributiestraat, rijdend in de richting van het St.-Pietersstation. De buurttrams van de lijnen N (St.-Pietersstation/Gent-Nevele) en Z (St.-Pietersstation/Gent-Zomergem) reden eveneens over de brug over de Leie.

72. Een tramstel op de lijn 10, gevormd door het motorrijtuig 330 en de aanhangwagen 70. De foto werd genomen op 10 mei 1955 in de Bernard Spaelaan. De tram rijdt naar het St.-Pietersstation.

73. De lijn 10 werd afgeschaft op 31 maart 1974. De laatste tram — hier geïllustreerd —
werd bestuurd door Aimé De Coninck (dienstnummer 3), thans toezichter (zie foto 87).
Tramfans schreven op de tram, onder de koplamp, „RIP"! Hier deze finale tram, even
voor 't laatste vertrek te 23.08 uur aan de Muidebrug. Naast de bestuurder, glimlachend,
toezichter Noël Van de Velde.

74. De jozefietentram of de collegetram, namelijk de tram 20, die de studenten jarenlang tijdens de spitsuren van het St.-Pietersstation in Gent naar het college in Melle bracht. Hier de tram 20 (motorrijtuig 182 met de bijwagens 70 en 55), gekiekt op het J. Van Arteveldeplein op 27 maart 1958. De lijn 20 was tot in 1930 de lijn 10; deze laatste werd toen de verbinding St.-Pietersstation-Muidebrug (nu de lijn 4).

75. Hier een gelijkaardig tramstel (motorrijtuig 202 met bijwagens 72 en 69) op de lijn 20, op de korrel genomen op 12 september 1953 op de Brusselsesteenweg, nabij het Arsenaal in Gentbrugge. Links het motorrijtuig 387, eveneens op de lijn 20, rijdend naar Melle.

76. Twee motorwagens, de rijtuigen 360 en 331, bij de terminus van de lijn 20, vóór het
college van de paters jozefieten in Melle, langs de Brusselsesteenweg. De foto werd
genomen op 4 april 1973. Niemand kon toen vermoeden dat het motorrijtuig 360 de
laatste tram van zijn generatie zou worden die in Gent zou rijden. Links van de trams,
nauwelijks te zien, eerste toezichter-onderrichter De Clercq, bestuurder Depreitere en
ontvanger Van der Abeele.

IK ♥ VAN

TRAM 20 !

77. De lijn 20 (Arsenaal/Gentbrugge-college paters jozefieten/Melle) werd afgeschaft op 31 december 1973. Voor het vertrek van de laatste tram — de motorwagen 354 — brachten studenten een spandoek („Tram 20 moet blijven! ") aan op het rijtuig. Dit mocht niet baten: tram 20 vertrok voor het laatst nadat de studenten een zevenduizendtal stickers hadden uitgedeeld en een afscheidsglas hadden gepresenteerd.

78. Het motorrijtuig 372, gefotografeerd op de lijn 37 (Koornmarkt/Gent-Westveld/St.-Amandsberg) op 10 mei 1955 aan zijn eindpunt, St.-Michielshelling/Koornmarkt, in het centrum van Gent. De lijn 37 was een combinatie van de verbindingen 3 en 7, vandaar dit nummer.

79. Links het motorrijtuig 378 op de lijn 37 en rechts de motorwagen 375 op de lijn 3.
De foto dateert van 4 juli 1955 en werd genomen op de St.-Michielsbrug te Gent.

80. Nogmaals de tram op de lijn 37, ditmaal de motorwagen 372, gekiekt op 10 mei 1955 aan zijn terminus, Verkortingsstraat/Antwerpsesteenweg (wissel aan de Potuit) in St.-Amandsberg. De lijn 37 bestond slechts zes maanden; alleen de motorrijtuigen 371 en 380 konden er dienst op doen.

81. De motorwagen 354, die als ,,lokaal tram-monument'' werd opgericht in de Philip Blom-maertstraat in St.-Amandsberg. Deze tram werd door privépersonen aangekocht bij de MIVG in 1974. Het rijtuig werd volledig uit elkaar geno-men; alle onderdelen werden in een atelier gereinigd en herschilderd, waarop de tram opnieuw, ter plaatse van zijn huidige stand-plaats, werd gemonteerd. Dit werk — het duur-de zes jaar — werd verricht door Achiel Ryckaert, een eminent tramkenner uit St.-Amandsberg, die men hier met gewettigde fier-heid naast ,,zijn'' 354 ziet. De tram bevindt zich op een (gesloten) cirkelvormig spoor en de be-doeling bestaat dat dit van een elektrisch boven-net zal worden voorzien, opdat de 354 op spe-ciale feestdagen met een zelf gemaakte groep zou kunnen ,,rijden''.

82. De motorwagen 9874 (behorend tot het materieel van de NMVB) aan de terminus van de lijn M, Zuidstation/Gent. De lijn M verbond Gent (later ook van aan het St.-Pietersstation) met Merelbeke. De exploitatie van deze verbinding werd verzekerd door de SA des Tramways électriques de Gand tot op 31 december 1953.

83. Vooraan de motorwagen 9875 (NMVB-nummering) op de lijn M, gekiekt in 1954 aan het eindpunt van de verbinding in Merelbeke. De tramlijnen van het Zuidstation en het St.-Pietersstation in Gent naar Merelbeke werden respectievelijk afgeschaft op 6 mei 1954 en op 30 april 1955. Op de achtergrond de spooorauto AR 280 op de verbinding Merelbeke-St.-Lievens-Houtem-Geraardsbergen.

84. De PCC-trams (President Conference Comite) vervingen de oudere trams geleidelijk vanaf 10 juli 1971 tot 1 april 1974; er kwamen vierenvijftig van dergelijke rijtuigen in dienst. Alle werden vervaardigd door BN in Brugge. Hier de motorwagen 41, gefotografeerd in de Rekelingestraat, in het centrum van de stad. Het plaatje dateert van 20 november 1978.

85. Het motorrijtuig 25, gekiekt op de lijn 1 tussen de Groentenmarkt en het Sinte Veerleplein op 18 september 1978. De PCC-trams bereiken een maximum snelheid van 60 tot 65 kilometer per uur (de gemiddelde uitbatingssnelheid bedraagt 12,5 kilometer per uur!); ze wegen leeg 16,3 ton en ze rijden dagelijks 18 op 24 uur. In 1978 legden de Gentste stadstrams 2.188.996 kilometer (gemiddeld 5997 kilometer per dag) af en vervoerden 12.367.241 (gemiddeld 33.883 per dag) reizigers.

86. Op het voorplan de motorwagen 05, in dienst op de lijn 1 en gefotografeerd op 20 november 1978 op de Koornmarkt in Gent. Lijn 1 verbindt het Van Beverenplein/Gent met Moscou/Gentbrugge.

87. Links boven: hoofdtoezichter Julien Declercq (geboren 1929), sinds 1944 bij de MIVG; rechts boven, van links naar rechts: toezichter André Tanghe (geboren 1936), toezichter-onderrichter Leopold Jacobs (geboren 1942) en toezichter Jozef Van Loo (geboren 1940). Links onder, van links naar rechts: bestuurder Remi Tack (geboren 1924) en toezichter Aimé De Coninck (geboren 1948); rechts onder, van links naar rechts: bestuurder Oswald Depoorter (geboren 1946) en toezichter Wilfried Picquet (geboren 1939). Alle foto's dateren van 1980-1981.

88. Tramdrukte (de motorwagens 01 en 41, respectievelijk op de lijnen 1 en 22) op het
Graaf van Vlaanderenplein op 6 augustus 1980.

89. Van links naar rechts: eerste toezichter Constant Beets (geboren 1920), sinds 1945 bij de MIVG; in het midden tramcontroleur Jules Van Nieuwerburg (geboren 1929) en uiterst rechts tramcontroleur Jacques Coteau (geboren 1935). De foto's dateren van 1978 en van 1980.

90. Een arbeider reinigt 's morgens de rails met een pneumatische spuit op de Koornmarkt, terwijl een motorwagen op de lijn 1 nadert.

91. Boven: postoverste Roland De Buysscher (geboren 1933) geeft het fluitsein voor het vertrek van een startklaar staande tram op de Koornmarkt (6 augustus 1980).
Onder: toezichter Wilfried Picquet (geboren 1938) bij de controle van de trams voor het St.-Pietersstation op 29 januari 1981; ook hij geeft ter plaatse een fluitsein.

92. Een zicht in een PCC-rijtuig, hierin zijn 34 zitplaatsen en 66 staanplaatsen (totaal 100) voorzien. De foto werd genomen op 18 september 1978.

93. Een zicht op de terminus van de lijn 1, Moscou/Gentbrugge, met op het achterplan het motorrijtuig 47. Op de voorgrond voert een onderhoudsploeg, onder het toezicht van spoorbrigadier Roger Buysse (geboren 1927), werken uit aan de sporen. De foto werd genomen op 6 augustus 1980.

94. Het motorrijtuig 45 op de lijn 4 (Muidebrug-St.-Pietersstation), gekiekt op 6 augustus 1980 in de Zonnestraat in het centrum van Gent.

95. De motorwagen 51 op de lijn 4, rijdend in de richting van de Koornmarkt en het St.-Pietersstation. De foto dateert van 18 januari 1979.

96. Nog een foto van de tram op de lijn 4 (motorwagen 45), genomen op het Sinte Veerleplein, vóór het Gravenkasteel. Op de achtergrond een motorrijtuig bij de halte, op de lijn 1. Het plaatje werd gemaakt op 18 september 1978.

97. Een andere opname van de tram op de lijn 4, eveneens gemaakt op 18 september 1978, aan de halte ,,Gravenkasteel'' op de Geldmunt.

98. De richtingsrolfilm van de Gentse stadstram. Daarvan zijn de lijnen 1 (Moscou-Paling-huizen), 20, 30 en 31 afgeschaft (situatie 1981).

99. Bestuurder Kamiel Vyncke (geboren 1931) — dienstnummer 130 — voor zijn rijtuig (26) aan de terminus van de lijn 4 (Muidebrug). Kamiel Vyncke trad bij de MIVG in dienst op 3 maart 1957.

100. Links boven: dispatcher Noël Van de Velde (geboren 1939) in het dispatching center van de MIVG in het depot van Gentbrugge. Van hieruit wordt radiofonisch toezicht uitgeoefend over het hele stadstramnet. Rechts boven: Robert Smets (geboren 1944) achter zijn loket op het Graaf van Vlaanderenplein. Hij verzorgt hier de verkoop van tickets en tramkaarten en int het geld van de bestuurders-ontvangers. Links onder: toezichter Leopold Jacobs (geboren 1942) bij de tramcontrole op het Graaf van Vlaanderenplein. Rechts onder: postoverste De Cock (dienstnummer 251) gekiekt in de met een mobilofoon uitgeruste controlepost aan het St.-Pietersstation. Alle foto's dateren van 1980.

101. Op maandagmorgen 17 oktober 1977 onderbraken bestuurders-ontvangers het werk op de lijn 4 (St.-Pietersstation-Muidebrug). Ze eisten een werkduurvermindering op deze lijn omdat, volgens hen, de opdracht op dit vooral door de binnenstad lopend traject bijzonder zenuwslopend is.

102. Het motorrijtuig 38 op de lijn 10 (Muidebrug-Rabot-St.-Pietersstation) voor de
Muidebrug (eindpunt) op 6 augustus 1980. De tram rijdt naar het St.-Pietersstation.

103. Links Willy Hubo (geboren 1938), tekenaar-topograaf bij de MIVG, in gesprek met werkleider Albert Van de Sijpe (geboren 1925) tijdens een onderhoudsbeurt van de spoorbanen, uitgevoerd op het Koophandelplein in Gent. De foto werd genomen op 6 augustus 1980 ter gelegenheid van een fotoverkenning van het MIVG-tramnet, waarbij de heer Willy Hubo als gids voor de auteur, André ver Elst, optrad.

104. De mecaniciens Jean Hertoghe (geboren 1951), links, en Eric Ceulemans (geboren 1963), rechts, bij onderhoudswerken aan een boggie van het motorrijtuig 44. De foto werd genomen in het onderhoudsatelier in het depot in Gentbrugge, op 6 augustus 1980.

105. Links: bestuurder-ontvanger Georges Dhont (geboren 1939) in uniform en met geldtas.
Rechts boven: bestuurder-ontvanger René Vermassem (geboren 1921) aan het commando van een motorrijtuig op het Van Beverenplein (lijn 1).
Rechts onder: bestuurder-ontvanger Albert Stevens (geboren 1919), in dienst bij de MIVG sinds 1945 en senior van de bestuurders-ontvangers.
Alle foto's werden genomen op 6 augustus 1980.

106. De tram van de lijn 10, gefotografeerd op het Rabot op 6 augustus 1980.

107. Een andere opname van de tram op de lijn 10, voor het Rabot (Rabotbrug), eveneens gemaakt op 6 augustus 1980.

108. Bestuurder-ontvanger Remi Tack (geboren 1924) aan het commando van een tram op de lijn 4 (28 januari 1977).

109. Het motorrijtuig 37 op de lijn 21 (St.-Pietersstation/Gent-Arsenaal/Gentbrugge), gekiekt op de Kouter op 6 augustus 1980.

110. Bestuurder-ontvanger Romain Blervacq (geboren 1936) bereidt zijn afrekening met de kassier voor in het depot te Gentbrugge.
Onder: de typische persoonlijke opbergkastjes van de Gentse trammannen; deze zijn zo oud als de stadstram in Gent.

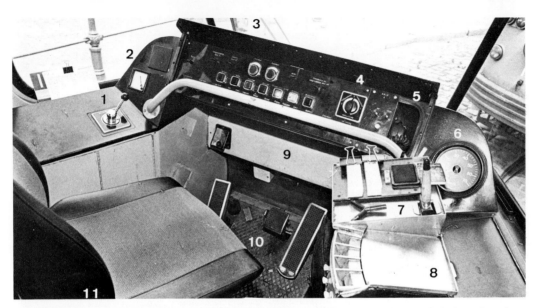

111. Een algemeen zicht op het dashboard van een Gentse PCC-car, met: 1. omschakelaar; 2. voltmeter (onder) en geluidsversterker; 3. toetsen en lichtjes, bovenaan op het bord (van links naar rechts): pantograafbediening, ontgrendeling van de deuren vooraan links, openen van de deuren achteraan rechts, openen van de deuren vooraan rechts, sluiten van de deuren vooraan rechts, lampje van de groep, (ont)grendeling van de deuren achteraan rechts; toetsen en lichtjes onderaan het bord (van links naar rechts): groep, (aangevraagde) halte, ontrijmer, deuren achteraan rechts, trommelrem-groep, railrem, richtingaanwijzers; onder de bestuurdershandstang (niet te zien, van links naar rechts) de toetsen en lichtjes voor: luidspreker, bel, standlichten, koplampen en kruislampen, wissel-bediening, betaaltafel, ruitewisser, trommelrem, zandlozing, richtingaanduiding, zijspiegelbediening, verlichting; 4. toets voor verlichting, verwarming en ontrijmer; 5. toetsen voor bediening van mobilofoon (links), met in vakje micro; 6. kilometer- en snelheidsmeter, 7. biljettentafel met validiteitsstempel en stempelkussen; 8. betaaltafel met wisselgeldpatronen (links); 9. links en rechts, blaasmonden met frisse en warme lucht; kast voor elektrische bediening (600 volt); 10. drie pedalen (van links naar rechts): dodemanspedaal, rempedaal, tractie- of gaspedaal; 11. verstelbare bestuurderszetel.

112. De tram 21 (St.-Pietersstation/Gent-Arsenaal/Gentbrugge), gefotografeerd aan zijn eindpunt Arsenaal op 6 augustus 1980.

113. Het motorrijtuig 07 op de lijn 22 (St.-Pietersstation/Gent-Centrum/Gentbrugge), gekiekt voor het tramdepot in de Gebroeders Desmetlaan in Gentbrugge, op 6 augustus 1980. Rechts, het typische (bolvormige) bouwwerk, café ,,De Ton'' (hoek van genoemde straat/Brusselsesteenweg), de ontmoetingsplaats van vele trammannen.

114. Een zicht op onderhoudswerken, uitgevoerd op het Koophandelplein op 6 augustus 1980, met op de achtergrond een tram van de lijn 22, die even wordt opgehouden.

115. Een andere opname van de tram op de lijn 22, genomen op 20 november 1980 op de Albertbrug over de Leie in de Groot-Brittanniëlaan/Koning Albertlaan.

116. Links Robert Van Overfelt (geboren 1933), koerwachter in het depot in Gentbrugge, bij de handbediening van een wissel, die de binnenrijdende trams naar hun specifieke hangaars loodst. Rechts, op de trap, werkleider Gerard Everaerd (geboren 1921) en op het platform Roger Buysse (geboren 1927), spoorbrigadier. De foto werd genomen op 6 augustus 1980 aan de terminus van de lijn 1, Moscou/Gentbrugge.

117. Het motorrijtuig 06 op de lijn 22, gefotografeerd aan het eindpunt in Gentbrugge-centrum (onder de E 3-viaduct). De bestuurder-ontvanger is Albert Stevens (zie foto 105). In 1979 had de MIVG zeshonderd personen in dienst, van wie zeven (1,16%) vrouwen.

ADIEU JOZEFIETENTRAM! *

„Tram 20 moet blijven! ” riepen z'allemaal,
De studenten van 't College, aan 't Arsenaal,
't Werd luid gescandeerd, 't leek 'n echt gejuich;
Plots klonk 't sein; ieder wrong zich in 't enge rijtuig.

Voor 't laatst wilde elkeen nog 'n herinneringsticket,
De motor van d'oude, kran'ge tram werd aangezet,
Daar ging hij langs 't bekende, schoolse pad,
Duizend vonken schurend, door de feest'lijke voorstad.

Driftig dreunt de gele wagen naar z'n eindpunt heen,
In Melle, voor 't College, is hij ook meteen.
'n Tintelend glas wordt er op de Jozefietentram geheven;

Dan keert de tram alsof niemand er om zou geven,
Voor altijd, eenzaam weer over 't verlaten spoor
Want „blijven” vond, hoe jammer, geen gunstig gehoor!

André ver Elst
Afife, 24 juli 1980

Tekening: Wilfried Roels

* Tussen Gent (St.-Pietersstation)-Gentbrugge (Arsenaal) en Melle (college van de jozefieten) reed er vanaf de jaren twintig tijdens de piekuren een studententram met bijwagen(s). De laatste tram reed op de lijn op 31 december 1973; vanaf 1 januari 1974 werd deze vervangen door autobussen. Zie ook de foto's nummer 74-77.

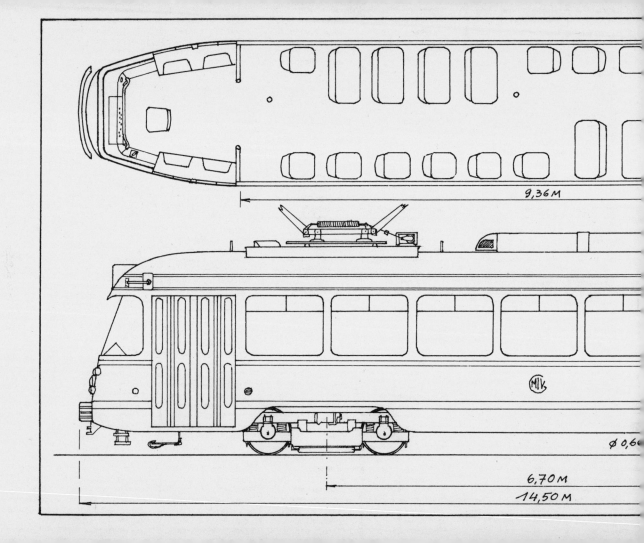

9,36 M

Ø 0,6

6,70 M

14,50 M